토익 기본기 완성　　　　　　　　　Week 10

Do 의문문

조동사 Do로 시작하는 의문문에서 Do는 시제와 주어의 단/복수에 따라 Do, Does, Did로 쓰입니다. Do 자체 보다는 뒤에 나오는 동사구의 내용을 듣는 것이 중요하며, Yes/No를 생략한 답변에 유의해야 합니다.

이 슈퍼마켓에서
쿠키를 판매하나요(sell cookies)?

■ Yes/No 응답

Do/Does/Did 조동사 의문문에는 Yes/No로 답하는 것이 기본이지만, Yes/No를 생략하고 질문에 대해 긍정/부정하는 답변도 정답으로 자주 나오기 때문에 이에 대비해 둬야 합니다.

쿠키를 팔다
Q Does this supermarket **sell cookies**?　　　　　　이 슈퍼마켓에서 쿠키를 판매하나요?

A Yes, you can find them in aisle 3.　　　　　　　네, 3번 통로에서 찾으실 수 있어요.

교육 과정에 등록하다
Q Did you **sign up for the training session** yet?　　교육 과정에 등록했나요?

A I thought it was optional. ☞ 앞에 No 생략　　　　그게 선택사항인 줄 알았는데요.

호텔　　　　　　　　중식당
Q Does this **hotel** have a **Chinese restaurant**?　　이 호텔에 중식당이 있나요?

A Let's check with the front desk.　　　　　　　　프런트 데스크에 알아봅시다.

■ Do you know + 의문사 + 주어 + 동사

이러한 형태의 의문문을 간접 의문문이라고 하며, 여기서는 'Do you know'가 아니라 그 다음에 나오는 의문사가 중요합니다. 즉, 'Do you know where Sam is?'라는 질문은 Sam이 어디에 있는지를 묻는 질문이나 마찬가지이기 때문에 Sam의 위치나 행방에 대한 답변이 정답이 될 수 있습니다.

에릭의 사무실이 어디에 있는지
Q Do you know **where Eric's office is?**   에릭의 사무실이 어디에 있는지 아세요?

A It's on the 3rd floor.   3층에 있어요.

서랍 속에 무엇이 있는지
Q Do you know **what's in that drawer?**   그 서랍에 뭐가 있는지 아세요?

A Yes, some office supplies.   네, 몇몇 사무용품이요.

Quiz 음원을 듣고 각 선택지가 질문에 알맞은 응답이면 O, 아니면 X에 표시하고 빈칸을 채워보세요.

1 Did you _____ the repair person?
   (A) Yes, someone is coming.   [O X]
   (B) No, not yet.   [O X]
   (C) By next week.   [O X]

2 Do you _____ Andrew is?
   (A) He's out of the office today.   [O X]
   (B) All the managers are at a meeting.   [O X]
   (C) I know him well.   [O X]

정답 및 해설 p. 23

Practice | 정답 및 해설 p. 23

오늘 배운 내용을 바탕으로 연습문제를 풀어 보세요.

1　Mark your answer.　　(A)　(B)　(C)

2　Mark your answer.　　(A)　(B)　(C)

3　Mark your answer.　　(A)　(B)　(C)

4　Mark your answer.　　(A)　(B)　(C)

5　Mark your answer.　　(A)　(B)　(C)

6　Mark your answer.　　(A)　(B)　(C)

7　Mark your answer.　　(A)　(B)　(C)

8　Mark your answer.　　(A)　(B)　(C)

9　Mark your answer.　　(A)　(B)　(C)

10　Mark your answer.　　(A)　(B)　(C)

memo

Today's VOCA

01 patronage
페이트뤄니쥐 [péitrənidʒ]
명 단골거래, 후원

Thank you for your **patronage**.
거래에 감사드립니다.
파 **patronize** 동 단골로 다니다, 후원하다

02 client
클라이언(트) [kláiənt]
명 고객

one of our most important **clients**
우리의 가장 중요한 고객 중 한 분

03 based
베이슷(트) [beist]
형 기반한(on), ~에 본사를 둔(in)

based on the reviews of our new product
우리 신제품의 사용 후기에 기반하여
파 **basis** 명 기초, 기반, 토대

04 survey
명 써르붸이 [sə́rvei] 동 써르붸이 [sərvéi]
명 설문 조사 동 ~에게 설문을 실시하다

participate in a **survey**
설문 조사에 참여하다

05 respond
뤼스판(드) [rispánd]
동 응답하다, 회신하다, 반응하다

respond promptly to
~에 신속하게 응답하다
파 **response** 명 응답, 대응

06 numerous
누머뤄스 [nú:mərəs]
형 많은, 다수의

receive **numerous** complaints
많은 불만을 접수 받다

07 satisfied
쌔티스빠이(드) [sǽtisfaid]
형 만족하는

be completely **satisfied** with the purchase
구매품에 완전히 만족하다
파 **satisfaction** 명 만족, 충족

08 positive
파지팁 [pázitiv]
형 긍정적인

positive responses to the new service
새로운 서비스에 대한 긍정적인 반응
파 **positively** 부 분명히, 긍정적으로

Day 02

Part 5

형용사 ❶

▲ 강의 바로보기

📖 형용사의 역할과 위치

형용사는 사람 또는 사물의 성질이나 상태를 나타내는 단어입니다. 명사의 앞 또는 뒤에 위치해 명사를 수식하기도 하고, 2형식 동사의 뒤에서 주어를 보충 설명하는 주격보어의 역할을 합니다. 또한, 5형식 동사 뒤에서 목적어를 보충 설명하는 목적격보어의 역할도 할 수 있습니다. 토익에서 출제되는 형용사 문법 문제는 형용사가 들어갈 수 있는 위치만 알고 있다면 해석하지 않고도 빠르게 풀 수 있습니다.

■ 명사 수식

형용사의 가장 기본적인 역할은 명사 앞 또는 뒤에 위치하여 명사를 수식하는 것입니다.

All **qualified** applicants will be considered for the position.
자격을 갖춘 모든 지원자들이 그 자리에 대해 검토될 것이다.

■ 주격보어 또는 목적격보어

2형식 문장에서 주격보어 자리에 형용사가 와서 주어의 상태나 모습 등을 나타낼 수 있습니다. 또한, 5형식 문장에서 목적격보어 자리에 형용사가 들어가 목적어의 성질이나 특성을 설명할 수 있습니다.

······ 오늘의 면접자 = 박식한 모습

Today's interviewee seems very **knowledgeable**.
오늘의 면접자는 매우 박식한 것처럼 보인다.

Most consumers find **the new advertising design** more **attractive**.
대부분의 소비자들은 새 광고 디자인이 더 매력적이라고 생각합니다.

······ 새 광고 디자인 = 매력적인 상태

형용사 자리 단서 모음

제시된 빈칸이 형용사 자리일 때, 빈칸 앞뒤에 빈칸이 형용사 자리라는 것을 알려주는 여러 단서들이 있습니다. 이 단서들을 보고 선택지에서 형용사를 찾아 정답으로 선택하면 됩니다.

 **5초 단축비법**

형용사 자리 단서 찾기

☑ 관사와 명사 사이

관사와 명사 사이에 빈칸이 있다면, 빈칸은 빈칸 뒤의 명사를 수식할 형용사 자리입니다.

> You should write **the correct address** on the form.
> 귀하께서는 양식에 올바른 주소를 적어야 합니다.

☑ 2형식 자동사/5형식 타동사 뒤

2형식 자동사와 5형식 타동사 다음에 오는 주격보어 또는 목적격보어 자리는 형용사가 올 자리입니다.

⋯⋯ 형용사의 의미를 강조하기 위해 부사가 형용사 앞에 오기도 해요.

> Our new service will **make passengers** more **comfortable** during the flight.
> 저희의 새로운 서비스는 승객들을 비행 동안 더 편안하게 만들 것입니다.

☑ 타동사와 명사 목적어 사이

타동사와 명사 목적어 사이는 명사 목적어를 수식할 형용사 자리입니다.

> Employees should **back up confidential files** on a regular basis.
> 직원들은 주기적으로 기밀 파일들을 백업해야 한다.

▲ 강의 바로보기

오늘 배운 내용을 바탕으로 연습문제를 풀어 보세요.

1 Everyone considers our new product -------.

(A) successful (B) successfully
(C) succeeds (D) succeed

memo

2 Our recipes will surely enable you to make healthy meals with ------- effort.

(A) minimize (B) minimizes
(C) minimal (D) minimally

3 Employees at Ernest Airlines receive ------- support for their overseas assignments.

(A) extend (B) extensive
(C) extensively (D) extension

4 The safety inspector stressed that most factory accidents are -------.

(A) preventing (B) preventable
(C) prevent (D) prevention

5 The information packet contains a ------- list of companies participating in the convention.

(A) completing (B) completion
(C) complete (D) completely

Today's VOCA

01 appreciation ★
어프뤼-시에이션 [əpríːʃiéiʃən]
명 감사

express one's **appreciation** for
~에 대해 감사를 표하다

파 **appreciate** 동 감사하다, 이해하다

02 ability ★
어빌러티 [əbíləti]
명 능력

have the **ability** to do
~할 능력을 지니다

03 hesitate ★
헤저테잇 [hézəteit]
동 주저하다, 망설이다

Do not **hesitate** to contact our customer service department.
주저하지 말고 고객 서비스 부서에 연락하세요.

04 concern ★
컨써ㄹ언 [kənsə́ːrn]
명 우려, 걱정, 관심 동 걱정시키다, 연관시키다

respond to any **concern** you have
귀하가 가진 어떤 우려에 대해서도 답변하다

05 addition ★★★★★
어디션 [ədíʃən]
명 추가(인원), 추가물

the **addition** of a new dish to the special menu 특별 메뉴에 새로운 요리의 추가

파 **additional** 형 추가적인, 여분의

06 experience ★★★★
익스삐-뤼언(스) [ikspíəriəns]
명 경험, 경력 동 경험하다

have a good **experience** with the company
회사에서 좋은 경험을 하다

파 **experienced** 형 숙련된, 경력이 많은

07 consider ★★★★
컨씨더ㄹ [kənsídər]
동 고려하다, 간주하다, 여기다

consider relocating to London
런던으로 전근하는 것을 고려하다

08 soon ★★★★
쑨- [suːn]
부 곧, 금방, 조만간

will be joining us **soon**
곧 입사할 것이다

조동사 Have로 시작하는 의문문에서 Have는 시제와 주어의 단/복수에 따라 Have, Has, Had로 쓰입니다. 실제 시험에서는 Have you ~? 형태가 가장 자주 나옵니다. 이때 Have 자체보다는 뒤에 나오는 동사구의 내용을 듣는 것이 중요하며, Yes/No를 생략한 답변에 유의해야 합니다.

새 프린터를 사용해(tried) 보셨나요?

■ Yes/No 응답

Have/Has 조동사 의문문에는 Yes/No로 답하는 것이 기본이지만, Yes/No를 생략하고 질문에 대해 긍정/부정하는 답변도 정답으로 자주 나오기 때문에 이에 대비해야 합니다.

새 프린트를 사용해보다
Q Have you **tried the new printer**?　　　　새 프린터를 사용해 보셨나요?

A1 Yes, it's very fast.　　　　네, 아주 빠릅니다.

A2 I didn't know we got a new one. ☞ 앞에 No 생략　　　　우리가 새것을 구입한 줄 몰랐어요.

에밀리를 보다
Q Have you **seen Emily** from the marketing department?　　　　마케팅 부서의 에밀리 씨를 보셨나요?

A1 Yes, but she left early today.　　　　네, 그런데 일찍 퇴근하셨어요.

A2 She's on a business trip. ☞ 앞에 No 생략　　　　그녀는 출장 중이에요.

■ 긍정/부정이 아닌 제3의 응답

사실을 확인하는 질문에 대해 긍정/부정의 답이 아닌 제3의 응답을 하는 경우를 조심하세요. 가장 난이도가 높은 유형입니다.

Q Have we **sold many tickets** this year?
티켓을 많이 팔다

올해 우리가 티켓을 많이 팔았나요?

A I didn't organize the event.

제가 행사를 준비하지 않았어요.

Q Has **someone booked a space** for today's meeting?
누가 공간을 예약하다

누군가가 오늘 있을 회의 공간을 예약했나요?

A The meeting is tomorrow.

회의는 내일이에요.

Quiz 음원을 듣고 각 선택지가 질문에 알맞은 응답이면 O, 아니면 X에 표시하고 빈칸을 채워보세요.

1 Have you _____ the updated safety manual?

(A) Yes, it's in my documents folder. [O X]

(B) We should check the manual first. [O X]

(C) No, not yet. [O X]

2 Has your boss _____ your vacation?

(A) I just put in the request. [O X]

(B) A new vacation policy. [O X]

(C) I'm going to stay at a beach resort. [O X]

정답 및 해설 p. 25

Practice | 정답 및 해설 p. 26

▲ MP3 바로듣기

▲ 강의 바로보기

오늘 배운 내용을 바탕으로 연습문제를 풀어 보세요.

1 Mark your answer.　　　(A)　(B)　(C)

2 Mark your answer.　　　(A)　(B)　(C)

3 Mark your answer.　　　(A)　(B)　(C)

4 Mark your answer.　　　(A)　(B)　(C)

5 Mark your answer.　　　(A)　(B)　(C)

6 Mark your answer.　　　(A)　(B)　(C)

7 Mark your answer.　　　(A)　(B)　(C)

8 Mark your answer.　　　(A)　(B)　(C)

9 Mark your answer.　　　(A)　(B)　(C)

10 Mark your answer.　　　(A)　(B)　(C)

memo

Today's VOCA

01 **interested** ★★★★
인터뤠스팃 [íntərestid]
혱 관심이 있는

be **interested** in the sales position
영업직에 관심이 있다
파 **interesting** 혱 흥미로운

02 **requirement** ★★★
뤼콰이어ㄹ먼(트) [rikwáiərmənt]
몡 필수, 요구 조건, 자격 요건

a **requirement** for the position
그 직책의 필수 요건
파 **require** 동 필요로 하다

03 **accept** ★★★
액쎕트 [æksépt] / 억쎕(트) [əksépt]
동 수락하다, 받아들이다

accept an invitation
초대를 수락하다
파 **acceptance** 몡 수락, 승인

04 **submit** ★★★
썹밋(트) [səbmít]
동 제출하다

submit the shift schedule
근무 시간표를 제출하다
파 **submission** 몡 제출, 제출물

05 **apply** ★★★
어플라이 [əplái]
동 지원하다, 적용하다, 응용하다, 바르다

apply for a position
일자리에 지원하다
파 **application** 몡 지원, 적용, 응용(프로그램)

06 **successful** ★★★
썩쎄스쀌 [səksésfəl]
혱 성공적인

highly **successful**
매우 성공적인
파 **successfully** 뷔 성공적으로

07 **welcome** ★★★
웰컴 [wélkəm]
동 환영하다 혱 환영하는, 반가운 몡 환영

welcome newcomers to the company
신입사원들의 입사를 환영하다

08 **select** ★★★
씰렉(트) [silékt]
동 선정하다, 선택하다

select candidates for interviews
면접 후보를 선정하다
파 **selective** 혱 까다로운, 선별적인

📖 형용사의 형태

대부분의 형용사는 동사나 명사에 형용사 어미를 붙여 만듭니다. 따라서 이 형용사 어미만 보고도 제시된 단어의 품사가 형용사임을 알 수 있습니다. 하지만, 전형적인 형용사 어미를 취하는 형용사 외에도, 특이한 형태의 형용사들도 있으니 이 단어들은 따로 암기하는 것이 좋습니다.

■ 동사 + -able, -ive

preferable 더 좋은	**acceptable** 받아들일 수 있는	**suitable** 적절한
creative 창의적인	**extensive** 넓은	**supportive** 지원하는

Please visit our Web site to search for **suitable** positions.
적절한 직무를 찾기 위해 저희 웹사이트를 방문해 주십시오.

■ 명사 + -al, -ic, -ful

regional 지역의	**original** 원래의	**scientific** 과학적인	**helpful** 도움이 되는

When you return an item, you are required to provide the **original** receipt.
제품을 반품하실 때, 반드시 원본 영수증을 제공해야 합니다.

■ 특이한 형태의 형용사

명사에 -ly를 붙이면 형용사를 만들 수 있습니다. 형용사지만 -ly로 끝나기 때문에 부사로 생각하지 않도록 주의해야 합니다.

daily 매일의	**costly** 비용이 비싼	**weekly** 매주의	**timely** 제시간에 맞춘

All the applications were processed in a **timely** manner.
모든 지원서들은 때맞춰 처리되었다.

📖 수량 형용사

수량 형용사는 말 그대로 수와 양을 나타내는 형용사입니다. 형용사의 역할을 하기 때문에 명사 앞에 위치하여 명사를 수식하는 역할을 합니다. 각각의 수량 형용사들과 함께 쓸 수 있는 명사의 특징을 잘 구분해서 기억해 두어야 합니다.

■ 단수 가산명사와 어울리는 수량 형용사

each 각각의	every 모든	another 또 하나의

········ 에은 복수 가산명사 또는 불가산명사와 함께 쓰여요.

We inspect [**each** / all] **product** before it is shipped.
우리는 배송되기 전 각각의 제품을 검수한다.

DAY 04

Part 5 형용사 ❷

■ 복수 가산명사와 어울리는 수량 형용사

all 전부의	many 많은	most 대부분의	some 몇몇의	several 여러 개의
a few 몇몇의	few 거의 없는			

········ every는 단수 가산명사 앞에 쓰여요.

Child safety is the main concern of [**many** / every] **parents**.
어린이 안전은 많은 부모들의 주요 관심사이다.

■ 불가산명사와 어울리는 수량 형용사

all 전부의	much 많은	a little 약간의	little 거의 없는

········ many는 복수 가산명사와 어울려요.

We had to spend [**much** / many] **money** to upgrade our equipment in October.
우리는 10월에 장비를 업그레이드하기 위해 많은 돈을 써야 했다.

오늘 배운 내용을 바탕으로 연습문제를 풀어 보세요.

1 The antivirus software we installed has proven to be very -------.

(A) beneficial
(B) benefit
(C) beneficiary
(D) beneficially

memo

2 New technology makes the cell phone's touch screen more ------- to fingertips.

(A) responded
(B) responsive
(C) responsively
(D) response

3 All books must be returned to the library in a ------- manner.

(A) time
(B) timing
(C) timely
(D) timer

4 The city council will hold a public forum for ------- local residents.

(A) each
(B) every
(C) all
(D) either

5 I was away on business for the entire week, so ------- paperwork accumulated on my desk.

(A) much
(B) many
(C) every
(D) a few

Today's VOCA

▲ MP3 바로듣기

01 qualified ★★★
콸러빠잇 [kwáləfaid]
⑱ 적격인, 자질 있는

be **qualified** for the position
직책에 적격이다
⑳ **qualification** ⑲ 자질, 자격요건

02 reference ★★
뤠뿨런스 [réfərəns]
⑲ 참조, 추천(서)

for quick **reference**
빠른 참조를 위해
⑳ **refer** ⑧ 참조하다, 언급하다

03 applicant ★★
애플리컨(트) [æplikənt]
⑲ 지원자, 신청자

interview **applicants** for the position
그 직책의 지원자들에 대한 면접을 실시하다
⑳ **apply** ⑧ 지원하다, 신청하다

04 candidate ★★
캔디데잇 [kændideit]
⑲ 지원자, 후보자

highly qualified **candidates** from around the world
전 세계에서 모인 매우 유능한 지원자들

05 seek ★★
씨익 [si:k]
⑧ 찾다, 구하다

seek qualified candidates
자격을 갖춘 지원자들을 찾다

06 related ★★
륄레이팃 [riléitid]
⑱ 관련된

require at least 3 years of **related** experience 적어도 3년의 관련 경력이 필요하다
⑳ **related to** ⑳ ~와 관련된

07 valuable ★★
뷀류어블 [væljuəbl]
⑱ 귀중한, 값비싼

offer **valuable** information
귀중한 정보를 제공하다
⑳ **value** ⑧ 소중히 여기다, 가치를 매기다

08 employment ★★
임플러이먼(트) [implɔ́imənt]
⑲ 채용, 고용, 취업

an inquiry about **employment**
채용에 대한 문의
⑳ **employee** ⑲ 직원

VOCA

• 단어와 그에 알맞은 뜻을 연결해 보세요.

1 qualified •
2 apply •
3 concern •

• **(A)** 적격인, 자질 있는
• **(B)** 우려, 걱정, 관심, 걱정시키다, 연관시키다
• **(C)** 지원하다, 적용하다, 응용하다, 바르다

• 다음 빈칸에 알맞은 단어를 선택하세요.

4 for quick -------
　빠른 참조를 위해

5 ------- candidates for interviews
　면접 후보를 선정하다

6 express one's ------- for
　~에 대해 감사를 표하다

(A) select
(B) appreciation
(C) reference

• 실전 문제에 도전해 보세요.

7 Only applicants who meet the ------- will be invited to attend an interview.

(A) requirements
(B) addition
(C) experience
(D) survey

8 Many events were available for people seeking ------- in the services industry at the fair.

(A) ability
(B) application
(C) acceptance
(D) employment

한 주 동안 학습한 내용을 적용하여 기출변형 문제들을 풀어 보세요.

▲ MP3 바로듣기　　▲ 강의 바로보기

1　Mark your answer.　　(A)　(B)　(C)

2　Mark your answer.　　(A)　(B)　(C)

3　Mark your answer.　　(A)　(B)　(C)

4　Mark your answer.　　(A)　(B)　(C)

5　Mark your answer.　　(A)　(B)　(C)

6　Mark your answer.　　(A)　(B)　(C)

7　Mark your answer.　　(A)　(B)　(C)

8　Mark your answer.　　(A)　(B)　(C)

9　Mark your answer.　　(A)　(B)　(C)

10　Mark your answer.　　(A)　(B)　(C)

DAY 05

Weekly Test

한 주 동안 학습한 내용을 적용하여 기출변형 문제들을 풀어 보세요.

▲ 강의 바로보기

1   Please be ------- and place all food wrappers and other waste items in the trash cans.

(A) consider
(B) considers
(C) considerate
(D) consideration

2   Students from ------- universities will be able to apply for internships at the Faith Corporation this summer.

(A) various
(B) variously
(C) variety
(D) variation

3   It is the responsibility of the flight attendants to ensure that ------- passenger has fastened their seatbelt.

(A) many
(B) all
(C) each
(D) much

4   The European Union expects to make its new safety regulations ------- by the end of February.

(A) operational
(B) operations
(C) operation
(D) operationally

5   ------- office workers should attend the spreadsheet skills workshop on Monday in the computer lab.

(A) All
(B) Every
(C) Each
(D) Neither

6 Max Chang called a shareholders meeting regarding Xiang Auto's ------- need to improve its brand image.

(A) urgent
(B) urgently
(C) urgency
(D) urgencies

7 The employee handbook states that expense reimbursement requests must be submitted in a ------- manner.

(A) time
(B) timing
(C) timely
(D) timer

8 Ms. Veal was recognized for an ------- presentation on how the new strategies will be implemented in the department.

(A) informative
(B) informing
(C) informatively
(D) informer

9 Desoto Chemicals' waste disposal workers wear ------- gloves in the workplace as a safety measure.

(A) protect
(B) protects
(C) protection
(D) protective

10 The social networking Web site still has ------- obstacles to overcome before it reaches its full potential.

(A) challenge
(B) challenges
(C) challenging
(D) challenger

Week **10**

정답 및 해설

Day 01 Do 의문문

Quiz

1. Did you <u>call</u> the repair person?
(A) Yes, someone is coming. [O]
(B) No, not yet. [O]
(C) By next week. [X]

수리 기사에게 전화하셨나요?
(A) 네, 누군가 오고 있어요.
(B) 아뇨, 아직이요.
(C) 다음 주까지요.

해설 (A) 긍정을 나타내는 Yes와 함께 전화한 것에 따른 결과로 누
　　 군가가 오고 있음을 알리는 정답.
　　 (B) 부정을 뜻하는 No와 함께 아직 하지 않았음을 뜻하는
　　 not yet으로 답변하고 있으므로 정답.
　　 (C) 전화 연락 여부가 아닌 기한을 말하고 있어 오답.
어휘 **repair person** 수리 기사 **not yet** (앞선 말에 대해) 아직
　　 아니다 **work** (기계 등이) 작동되다

2. Do you <u>know where</u> Andrew is?
(A) He's out of the office today. [O]
(B) All the managers are at a meeting. [O]
(C) I know him well. [X]

앤드류가 어디에 있는지 아시나요?
(A) 그는 오늘 사무실에 없어요.
(B) 모든 매니저들은 회의 중입니다.
(C) 저는 그를 잘 알아요.

해설 (A) 앤드류가 사무실에 없다는 내용으로, 의문사 Where에 어
　　 울리는 답변이므로 정답.
　　 (B) 앤드류가 매니저라는 추론을 통해 회의 중이라는 답변이
　　 므로 정답.
　　 (C) 의문사 Where에 대해 앤드류의 위치나 행방에 관한 답변
　　 이 아닌 Do you know~?에 대한 답변이므로 오답.
어휘 **be out of the office** (사무실에서의) 자리를 비우다,
　　 사무실에 없다

Practice

1. (B)	2. (C)	3. (C)	4. (B)	5. (A)
6. (C)	7. (A)	8. (A)	9. (C)	10. (B)

1. Do you know who's giving a speech?

(A) I don't know how to use it.
(B) One of our directors.
(C) It's very helpful.

누가 연설하는지 알고 계세요?
(A) 저는 그것을 사용하는 법을 알지 못합니다.
(B) 우리 이사님들 중에 한 분이요.
(C) 그것은 매우 유용합니다.

정답 (B)
해설 Do you know who에 대한 답변으로 사람의 직책으로 답변
　　 하고 있으므로 정답.
어휘 **give a speech** 연설하다 **how to do** ~하는 법
　　 director 이사, 부서장, 책임자, 감독 **helpful** 유용한, 도움이
　　 되는

2. Does this bus go to the City Hall?
(A) I like to go to the park.
(B) The next train stop.
(C) Yes, it does.

이 버스가 시청으로 가나요?
(A) 저는 공원에 가는 걸 좋아해요.
(B) 다음 기차역이요.
(C) 네, 갑니다.

정답 (C)
해설 긍정을 나타내는 Yes와 함께 질문의 this bus를 it으로, go to
　　 the City Hall을 does로 받아 버스가 시청으로 가는지 묻는
　　 질문에 대해 그렇다고 하는 답변이므로 정답.
어휘 **stop** 역, 정거장

3. Do you know where Jake's office is?
(A) I'm going to the post office this afternoon.
(B) No, I don't have enough space.
(C) It's on the seventh floor.

제이크 씨의 사무실이 어디 있는지 아시나요?
(A) 저는 오늘 오후에 우체국에 갈 거예요.
(B) 아니요, 충분한 공간이 없어요.
(C) 7층에 있습니다.

정답 (C)
해설 특정 위치를 말하는 답변으로 사무실의 위치를 묻는 질문에
　　 어울리는 답변이므로 정답.
어휘 **enough** 충분한 **space** 공간 **floor** 층

4. Did you hear about the policy change?
(A) My phone number has changed.
(B) No, what is it?
(C) I'm here until 7.

정책 변경에 대해 들으셨나요?

(A) 제 휴대전화 번호가 변경됐어요.

(B) 아니요, 무엇이죠?

(C) 저는 7시까지 이곳에 있을 거예요.

정답 (B)

해설 부정을 나타내는 No로 답변하고 정책 변경을 대명사 it으로 언급하며 되묻는 내용이므로 정답.

어휘 hear about ~에 대해 듣다 policy 정책 change n. 변화, 변경 v. 변하다, 달라지다, 바꾸다 until ~까지

5. Do you know what's in that cabinet?

(A) Yes, some documents and pens.

(B) Try the file cabinet.

(C) Next to the door.

저 보관함에 무엇이 들어있는지 아시나요?

(A) 네, 몇 개의 서류와 펜이요.

(B) 파일 보관함에 해보세요.

(C) 문 옆이요.

정답 (A)

해설 긍정을 나타내는 Yes와 함께 보관함에 들어 있는 구체적인 물품을 언급하므로 정답.

어휘 cabinet 보관함 document 서류 next to ~의 옆에

6. Did you test the speaker?

(A) I won the prize at the speech contest.

(B) She's the guest speaker.

(C) Yes, it works just fine.

스피커를 테스트하셨나요?

(A) 저는 말하기 대회에서 상을 받았어요.

(B) 그녀가 초청 연사입니다.

(C) 네, 잘 작동됩니다.

정답 (C)

해설 긍정을 나타내는 Yes와 잘 작동된다는 말로 스피커를 테스트했는지 묻는 질문에 답변할 수 있으므로 정답.

어휘 test ~을 테스트하다, 확인하다 win the prize at ~에서 상을 받다 contest 대회 guest speaker 초청 연사 work 작동되다, 기능하다

7. Does your store sell curtains?

(A) Yes, of course we do.

(B) The store is closer to my house.

(C) I can close the window for you.

매장에서 커튼을 판매하시나요?

(A) 네, 당연히 합니다.

(B) 그 상점은 우리 집에서 가까워요.

(C) 창문을 닫아드릴 수 있어요.

정답 (A)

해설 긍정을 나타내는 Yes와 함께 질문의 sell curtains를 do로 받아 커튼을 판매한다는 의미를 나타내므로 정답.

어휘 sell ~을 팔다 close 닫다

8. Do you recommend this computer?

(A) Definitely, it's great.

(B) I got a new monitor.

(C) I would recommend reading that book.

이 컴퓨터를 추천하시나요?

(A) 물론이죠, 매우 좋아요.

(B) 새 모니터를 하나 샀어요.

(C) 그 책을 읽으시는 것을 권해 드립니다.

정답 (A)

해설 긍정을 나타내는 부사 Definitely와 매우 좋다는 말로 컴퓨터를 추천하는지를 묻는 질문에 답변할 수 있으므로 정답.

어휘 recommend ~을 추천하다, 권하다 definitely 분명히, 틀림없이

9. Did you take the bus to get here?

(A) Please take care of him.

(B) The train will arrive soon.

(C) No, I drove.

여기에 버스를 타고 오셨나요?

(A) 그를 잘 보살펴 주세요.

(B) 기차가 곧 도착할 거예요.

(C) 아니요, 저는 운전했어요.

정답 (C)

해설 부정을 나타내는 No로 답변하고, 운전해서 왔다는 내용을 언급하여 질문에 어울리는 답변이므로 정답.

어휘 take (교통수단 등을) 타다 take care of A: A를 돌보다, 신경을 쓰다 arrive 도착하다 soon 곧 drive 운전하다 cf. 동사변화는 drive-drove-driven

10. Does this building have a bookstore?

(A) It's a large building.

(B) Let's check with the information desk.

(C) One of the bestsellers.

이 건물에 서점이 있나요?

(A) 커다란 건물입니다.

(B) 안내 데스크에 확인해 봅시다.

(C) 베스트셀러 중 하나요.

정답 (B)

해설 안내 데스크에 확인해 보자는 말로 질문에 대한 답을 알 수 있는 방법을 제시하므로 정답.

어휘 bookstore 서점 large 큰 check with ~에게 확인하다 bestseller (책, 상품 등의) 베스트셀러 information desk 안내 데스크, 안내소

Day 02 형용사 ❶

Practice

1. (A)	2. (C)	3. (B)	4. (B)	5. (C)

1.
정답 (A)
해석 모두가 우리의 신제품이 성공적이라고 생각한다.
해설 빈칸 앞에 5형식 동사와 목적어가 있으므로 빈칸은 목적격보어 자리이다. 목적격보어 자리에는 명사나 형용사 또는 to부정사가 들어갈 수 있는데 선택지에는 형용사만 있으므로 형용사 (A) successful이 정답이다.
어휘 consider ~라고 생각하다 product 제품 successful 성공적인 successfully 성공적으로 succeed 성공하다

2.
정답 (C)
해석 저희 조리법은 분명히 여러분이 최소의 노력으로 건강한 식사를 만드실 수 있도록 해드릴 것입니다.
해설 전치사와 명사 사이에 위치한 빈칸은 명사를 수식할 형용사가 필요한 자리이므로 형용사인 (C) minimal이 정답이다.
어휘 recipe 조리법 surely 분명히 enable A to do A가~하도록 해주다 make ~을 만들다 healthy 건강에 좋은 meal 식사 effort 노력 minimize ~을 최소화하다 minimal 최소한의 minimally 최소한으로

3.
정답 (B)
해석 어니스트 항공사의 직원들은 해외 업무에 대해 폭넓은 지원을 받는다.
해설 동사와 목적어 사이에 위치한 빈칸은 목적어인 명사를 수식할 형용사 자리이므로 형용사인 (B) extensive가 정답이다.
어휘 employee 직원 receive ~을 받다 support 지원 overseas 해외의 assignment 업무 extend ~을 확장하다 extensive 폭넓은 extensively 폭넓게

4.
정답 (B)
해석 안전 점검원은 대부분의 공장 사고들은 예방 가능하다고 강조했다.
해설 빈칸이 be동사 뒤에 있으므로 빈칸은 주격보어 자리이다. 주격보어 자리에는 명사와 형용사가 들어갈 수 있는데, 명사 prevention이 주격보어로 들어갈 경우 주어 factory accidents와 같은 대상이 되어야 하므로 오답이다. 따라서 형용사 (B) preventable이 정답이다.
어휘 safety 안전 inspector 점검원 stress ~을 강조하다 most 대부분의 factory 공장 accident 사고 prevent ~을 예방하다 preventable 예방 가능한 prevention 예방

5.
정답 (C)
해석 그 정보 묶음은 컨벤션에 참가하는 회사들의 완전한 목록을 포함한다.
해설 빈칸 앞에는 관사가, 빈칸 뒤에는 명사가 있으므로 빈칸은 명사를 수식할 형용사 자리이다. 따라서 (C) complete이 정답이다.
어휘 information packet 정보 묶음 contain ~을 포함하다 list 목록 participate in ~에 참가하다 complete v. 완료하다 a. 완전한 completion 완료 completely 완전히

Day 03 Have 의문문

Quiz

1. Have you received the updated safety manual?
(A) Yes, it's in my documents folder. [O]
(B) We should check the manual first. [X]
(C) No, not yet. [O]

최신 안전 관리 지침서를 받았나요?
(A) 네, 제 문서 폴더에 있어요.
(B) 우리는 그 매뉴얼을 먼저 확인해야 해요.
(C) 아니요, 아직이요.

해설 (A) 긍정을 나타내는 Yes와 함께 질문에서 물은 매뉴얼의 위치에 대한 답변이므로 정답.
(B) 지침서를 먼저 확인해야 한다는 의미로 질문의 내용과 무관하므로 오답.
(C) No와 함께 아직 하지 않았음을 뜻하는 not yet으로 답변하고 있으므로 정답.

어휘 receive ~을 받다 updated 최신의 safety manual

안전 관리 지침서 **not yet** 아직 못했다

2 Has your boss <u>approved</u> your vacation?
(A) I just put in the request. [O]
(B) A new vacation policy. [X]
(C) I'm going to stay at a beach resort. [X]

상사가 당신의 휴가를 승인했나요?
(A) 이제 막 신청서를 제출했어요.
(B) 새로운 휴가 정책이요.
(C) 전 해변 리조트에서 머물 거예요.

해설 (A) 이제 막 휴가 신청서를 제출했다는 답변이므로 정답.
(B) 상사의 휴가 승인 여부와 관련이 없는 답변이므로 오답.
(C) 질문의 vacation에서 연상되는 내용으로 혼동을 주는 오답.

어휘 **boss** 상사 **approve** ~을 승인하다 **put in** (요구·주장 등을) 제출하다 **request** 신청, 신청서 **policy** 정책, 방침 **stay** 머무르다

Practice

1. (B)	**2.** (C)	**3.** (A)	**4.** (B)	**5.** (A)
6. (A)	**7.** (A)	**8.** (B)	**9.** (A)	**10.** (B)

1. Have you tried the new printer?
(A) Sure, I like tea as well.
(B) Yes, it's very fast.
(C) A paper bag, thanks.

새 프린터를 사용해 보셨나요?
(A) 그럼요, 저는 차도 좋아해요.
(B) 네, 매우 빨라요.
(C) 종이 봉투요, 감사합니다.

정답 (B)
해설 긍정을 나타내는 Yes와 함께 매우 빠르다는 말로 새 프린터기에 대해 언급하는 답변이므로 정답.
어휘 **try** ~을 한번 사용해 보다, ~을 한번 해 보다 **as well** 또한 **fast** 빠른 **paper bag** 종이 봉투, 종이 가방

2. Have you met our new staff member, Brian?
(A) No, I didn't read that article.
(B) I can't remember where it is.
(C) Yes, just this morning.

브라이언 씨, 신입 직원을 만나 보셨나요?
(A) 아뇨, 그 기사를 읽지 않았어요.
(B) 그게 어디 있는지 기억이 나지 않아요.
(C) 네, 바로 오늘 아침에요.

정답 (C)
해설 긍정을 나타내는 Yes와 신입 직원을 언제 만났는지 추가적으로 설명하는 정답.
어휘 **staff member** 직원 **article** 글, 기사 **remember** ~을 기억하다

3. Have they replaced the flat tire?
(A) No, not yet.
(B) Any place is okay with me.
(C) He is in the repair shop.

그들이 바람 빠진 타이어를 교체했나요?
(A) 아니요, 아직 안 했어요.
(B) 저는 어느 장소든 괜찮아요.
(C) 그는 정비소에 있어요.

정답 (A)
해설 부정을 나타내는 No와 함께 바람 빠진 타이어를 아직 교체하지 않았다고 말하는 답변이므로 정답.
어휘 **replace** ~을 교체하다 **flat tire** 바람 빠진 타이어 **yet** 아직 **any** 어떤 **repair shop** 정비소

4. Have you seen the new office building?
(A) No, I think it's 11 a.m.
(B) Yes, my team was there yesterday.
(C) A local construction company.

새 사무실 건물을 보신 적 있나요?
(A) 아뇨, 오전 11시인 것 같아요.
(B) 네, 저희 팀이 어제 거기 있었어요.
(C) 지역 건설 회사요.

정답 (B)
해설 긍정을 나타내는 Yes와 방문했던 시점을 언급하는 것으로 본 적이 있음을 나타내므로 정답.
어휘 **Have you seen ~?** ~을 본 적이 있으세요? **local** 지역의, 현지의 **construction** 건설, 공사

5. Has the new marketing manager been named?
(A) I'm hoping it will be Ms. Smith.
(B) The marketing conference.
(C) That's not his name.

새 마케팅 팀장님이 임명되셨나요?
(A) 스미스 씨가 되기를 바라고 있어요.
(B) 마케팅 회의요.
(C) 그건 그의 이름이 아니에요.

정답 (A)
해설 새 마케팅 팀장이 아직 임명되지는 않았지만 자신이 바라는 바를 언급하므로 정답.

name n. 이름 v. ~을 임명하다 hope ~을 바라다
conference 회의

6. Have you learned how to submit your report?
(A) Yes, in this morning's training session.
(B) Do you know how to fix this machine?
(C) Until Thursday.

보고서를 제출하는 방법을 배우셨나요?
(A) 네, 오늘 오전 교육에서요.
(B) 이 기계를 어떻게 고치는지 아시나요?
(C) 목요일까지요.

정답 (A)
해설 긍정을 나타내는 Yes와 함께 보고서 제출법을 배운 곳을 언급하므로 정답.
어휘 learn ~을 배우다, 학습하다 how to ~하는 방법 submit ~을 제출하다 report 보고서 training session 교육 (과정) fix ~을 고치다, 수리하다 machine 기계 until ~까지

7. Have you seen the intern?
(A) He was just here.
(B) Please, have a seat over there.
(C) I did enjoy the internship.

인턴을 보셨나요?
(A) 방금 여기 있었는데요.
(B) 저쪽 자리에 앉아주세요.
(C) 저는 인턴십을 즐겁게 했어요.

정답 (A)
해설 방금 여기 있었다는 말로 인턴을 보았다고 말하는 답변이므로 정답.
어휘 have a seat 자리에 앉다 enjoy ~을 즐기다

8. Have you been to the new shopping mall?
(A) No, that's a new model.
(B) Yes, right after it opened.
(C) At the shopping center.

새로운 쇼핑몰에 가보신 적 있으세요?
(A) 아뇨, 그건 새 모델이에요.
(B) 네, 개장한 직후에요.
(C) 쇼핑 센터에서요.

정답 (B)
해설 긍정을 나타내는 Yes와 방문했던 시점을 답변으로 질문에 어울리므로 정답.
어휘 right after ~한 직후에 repair shop 정비소

9. Have you checked your e-mail?
(A) Did you send me something?
(B) Okay, we'll check if it's in stock.
(C) In another mailbox.

이메일을 확인해 보셨나요?
(A) 저에게 뭔가를 보내셨나요?
(B) 알겠습니다, 재고가 있는지 확인해 보겠습니다.
(C) 또 다른 우편함에요.

정답 (A)
해설 이메일을 확인해 보았는지 묻는 질문에 뭔가를 보냈는지 되묻는 답변이므로 정답.
어휘 check ~을 확인하다 send ~을 보내다 be in stock 재고가 있다 another 또 다른 mailbox 우편함

10. Has the new security program been installed?
(A) The TV program starts in two weeks.
(B) I just got back from vacation today.
(C) The installation manual.

새 보안 프로그램은 설치되었나요?
(A) 그 텔레비전 프로그램은 2주 후에 시작해요.
(B) 저는 오늘 막 휴가에서 돌아왔어요.
(C) 설치 설명서요.

정답 (B)
해설 오늘 막 휴가에서 돌아왔기 때문에 원하는 정보를 줄 수 없다는 의미를 나타내어 질문에 대한 답변이 될 수 있으므로 정답.
어휘 security program 보안 프로그램 install ~을 설치하다 in + 기간: ~후에 get back from ~에서 돌아오다 vacation 휴가 installation 설치 manual 설명서

Day 04 형용사 ❷

Practice

1. (A)	2. (B)	3. (C)	4. (C)	5. (A)

1.
정답 (A)
해석 우리가 설치했던 컴퓨터 바이러스 퇴치용 소프트웨어가 매우 유익한 것으로 드러났다.
해설 be동사 뒤에 빈칸이 있으므로 빈칸은 주격보어 자리이다. 주격보어 자리에는 명사 또는 형용사가 와야 하는데, 해당 문장에서 주어 software와 benefit 또는 beneficiary가 같은 대

상이 아니므로 형용사를 정답으로 골라야 한다. 따라서 -al 형용사 어미로 끝나는 (A) beneficial이 정답이다.

어휘 **antivirus** 컴퓨터 바이러스 퇴치용의 **install** ~을 설치하다 **prove** ~로 드러나다 **beneficial** 유익한 **benefit** n. 이익 v. 이익을 주다 **beneficiary** 수령인 **beneficially** 유익하게

2.

정답 (B)

해석 새로운 기술은 핸드폰의 터치 화면이 손가락 끝에 더 즉각 반응하게 만들었다.

해설 빈칸 앞에 5형식 동사 make와 목적어가 있으므로, 빈칸은 목적격보어 자리이며, 명사 또는 형용사가 목적격보어로 쓰일 수 있다. 명사가 쓰일 경우 목적어와 동일한 대상이어야 하므로 형용사를 정답으로 골라야 한다. 따라서 -ive 형용사 어미로 끝나는 (B) responsive가 정답이다.

어휘 **technology** 기술 **cell phone** 핸드폰 **fingertip** 손가락 끝 **respond** 반응하다 **responsive** 즉각 반응하는 **responsively** 반응하여 **response** 반응

3.

정답 (C)

해석 모든 책들은 시기 적절하게 도서관에 반납되어야 한다.

해설 빈칸 앞뒤로 관사와 명사가 있으므로 빈칸은 명사를 수식할 형용사 자리이다. 따라서 「명사 + ly」 형태의 형용사 (C) timely가 정답이다.

어휘 **return** ~을 반납하다 **library** 도서관 **in a timely manner** 시기 적절하게 **time** 시간 **timer** 타이머

4.

정답 (C)

해석 시 의회는 모든 지역 주민들을 위해 공개 포럼을 열 것이다.

해설 빈칸 뒤에 형용사와 복수명사가 있으므로 빈칸에는 복수명사와 함께 쓰일 수 있는 수량 형용사가 들어가야 한다. 따라서 (C) all이 정답이다.

어휘 **city council** 시 의회 **hold** ~을 열다 **public** 공개의 **local** 지역의 **resident** 주민 **each** 각각의 **every** 모든 **all** 모든 **either** 둘 중 하나의

5.

정답 (A)

해석 내가 일주일 내내 출장 중이었기 때문에, 많은 서류 작업들이 내 책상에 쌓여 있었다.

해설 빈칸 뒤에 셀 수 없는 명사가 있으므로 불가산명사와 함께 쓰일 수 있는 수량 형용사 (A) much가 정답이다.

어휘 **be away on business** 출장 중이다 **the entire week** 일주일 내내 **paperwork** 서류 작업 **accumulate** 쌓이다 **much** 많은 **many** 많은 **every** 모든 **a few** 몇몇의

Day 05 Weekly Test

VOCA

1. (A)	**2.** (C)	**3.** (B)	**4.** (C)	**5.** (A)
6. (B)	**7.** (A)	**8.** (D)		

7.

해석 자격 요건을 충족하는 지원자들만 면접에 참석하도록 초대되어질 것이다.

해설 면접에 초대되어질 지원자들이 충족해야 할 것이 빈칸에 들어가야 하므로 '자격 요건'을 뜻하는 (A) requirements가 정답이다.

어휘 **applicant** 지원자 **meet the requirements** 자격 요건을 충족하다 **be invited to do** ~하도록 초대되다 **attend** ~에 참석하다 **interview** 면접 **addition** 추가 **experience** 경험 **survey** 설문 조사

8.

해석 서비스 산업에서 일자리를 찾는 사람들을 위해 박람회에서 많은 행사들이 이용 가능했다.

해설 빈칸에는 박람회에서 사람들이 특정 업계에서 찾는 대상을 나타내는 어휘가 들어가야 한다. 따라서 '일자리, 채용'을 뜻하는 (D) employment가 정답이다.

어휘 **event** 행사 **available** 이용 가능한 **seek** ~을 찾다 **industry** 업계, 산업 **fair** 박람회 **ability** 능력 **application** 지원, 적용 **acceptance** 수락 **employment** 일자리, 채용

LC

1. (A)	**2.** (A)	**3.** (B)	**4.** (C)	**5.** (A)
6. (B)	**7.** (C)	**8.** (B)	**9.** (A)	**10.** (B)

1. Did you order a new monitor?

(A) No, I have been quite busy.

(B) I like the bigger one.

(C) Only for a few hours.

새 모니터를 주문하셨나요?

(A) 아뇨, 제가 꽤 바빴어요.

(B) 저는 더 큰 것이 좋습니다.

(C) 겨우 몇 시간 동안이요.

정답 (A)

해설 (A) 부정을 나타내는 No와 꽤 바빴다는 내용을 언급하여 새 모니터를 주문하지 못한 이유를 나타내어 질문에 대한 답변이 될 수 있으므로 정답.

(B) monitor와 관련 있게 들리는 bigger을 활용한 답변이지만 질문 내용과 관련 없으므로 오답.

(C) 지속 시간을 의미하는 표현으로서 How long 의문문에 어울리는 답변이므로 오답.

어휘 order ~을 주문하다 quite 꽤, 상당히 one 하나, 한 사람(앞서 언급된 사람 또는 같은 종류의 사물을 가리킴) a few 몇몇의

2. Have you had your final interview?
(A) No, it's scheduled for next Wednesday.
(B) Yes, I bought it last year.
(C) It's a beautiful view.

최종 면접을 하셨나요?
(A) 아니요, 다음 주 수요일로 예정돼 있어요.
(B) 네, 전 그걸 작년에 샀어요.
(C) 아름다운 경치네요.

정답 (A)

해설 (A) 부정을 나타내는 No와 함께 최종 면접이 예정된 일정을 언급하는 답변이므로 정답.

(B) 긍정을 나타내는 Yes 뒤에 작년에 구매했다는 말은 최종 면접과 관련 없는 내용이므로 오답.

(C) 질문에 포함된 interview와 유사하게 들리는 view를 활용한 오답.

어휘 final interview 최종 면접 be scheduled for ~로 예정되어 있다 buy ~을 구입하다(=purchase) beautiful 아름다운, 멋진 view 경치, 조망

3. Have you reviewed the proposal?
(A) The marketing conference.
(B) Sorry, I need more time.
(C) Right next to the break room.

제안서를 검토해 보셨나요?
(A) 마케팅 컨퍼런스입니다.
(B) 죄송해요, 시간이 더 필요해요.
(C) 휴게실 바로 옆에요.

정답 (B)

해설 (A) 검토 여부를 묻는 질문과 관련 없는 답변이므로 오답.

(B) Sorry로 사과를 하며 검토 작업이 완료되지 않았음을 나타내면서 시간이 더 필요하다는 언급으로 그 이유를 언급하여 질문에 대한 답변이 될 수 있으므로 정답.

(C) 위치를 언급하는 내용으로 Where 의문문에 어울리는 답변이므로 오답.

어휘 review ~을 검토하다, 살펴보다 proposal 제안(서) right next to ~의 바로 옆에 break room 휴게실

4. Do you know where the manager went?
(A) No, I understand.
(B) I know a good moving company.
(C) Probably to the meeting room.

부장님이 어디 가셨는지 아시나요?
(A) 아니요, 이해해요.
(B) 제가 괜찮은 이삿짐 업체를 알아요.
(C) 아마도 회의실이에요.

정답 (C)

해설 (A) 질문에 포함된 know와 관련 있게 들리는 understand 를 활용한 오답.

(B) 질문에 포함된 know를 활용한 답변으로 질문 내용과 관련 없는 오답.

(C) 추측을 나타내는 부사 probably와 행선지를 나타내는 to 전치사구로 부장님의 행선지를 언급하는 답변이므로 정답.

어휘 probably 아마도 understand (말의 의미, 사람을) 이해하다 good 괜찮은, 좋은 moving company 이삿짐 운송 회사

5. Did you get a chance to read that novel?
(A) No, but I'll do it soon.
(B) I booked my flight yesterday.
(C) The new library building.

그 소설을 읽어볼 기회가 있었나요?
(A) 아니요, 하지만 곧 할 거예요.
(B) 어제 항공편을 예약했어요.
(C) 새 도서관 건물이요.

정답 (A)

해설 (A) 부정을 나타내는 No와 함께 곧 소설을 읽어볼 거라는 의미로 질문에 대한 답변이 될 수 있으므로 정답.

(B) 질문에 포함된 novel과 관련 있게 들리는 book의 동사 의미를 활용한 오답.

(C) 질문에 포함된 novel과 관련 있게 들리는 library를 활용한 오답.

어휘 get a chance to do ~할 기회가 있다, ~해보다 novel 소설 soon 곧 book v. ~을 예약하다 flight 항공편

6. Have they painted this hallway?
(A) Blue is my favorite color.
(B) It is more vivid than before.
(C) There is a storage closet in the hallway.

그들이 이 복도에 페인트칠을 했나요?
(A) 파란색이 제가 제일 좋아하는 색이에요.
(B) 예전보다 더 선명해요.
(C) 복도에 수납장이 있어요.

정답 (B)
해설 (A) painted와 관련 있게 들리는 color를 활용한 답변으로 페인트칠 여부와 관련 없는 오답.
(B) 예전보다 더 선명하다는 말로 페인트칠을 했다는 의미를 나타내어 질문에 대한 답변이 될 수 있으므로 정답.
(C) 질문에 포함된 hallway를 활용한 답변으로 질문 내용과 관련 없는 오답.
어휘 paint 페인트칠을 하다 hallway 복도 favorite 가장 좋아하는 vivid 선명한 storage closet 수납장

7. Have you gone to the professional development training yet?
(A) He went to the post office.
(B) The train from London.
(C) I didn't know it was required.

전문성 개발 교육에 아직 가지 않으셨나요?
(A) 그는 우체국에 갔어요.
(B) 런던발 열차요.
(C) 그게 필수인 줄은 몰랐어요.

정답 (C)
해설 (A) 질문에 포함된 gone과 관련 있게 들리는 went를 활용한 오답.
(B) 질문에 포함된 training과 유사하게 들리는 train을 활용한 오답.
(C) 전문성 개발 교육이 필수인 줄 몰라서 가지 않았다는 의미를 나타내어 질문에 대한 답변이 될 수 있으므로 정답.
어휘 professional 전문성 development 개발 training 교육, 훈련 yet 아직 post office 우체국 train from ~발 열차, ~에서 출발한 열차 required 필수인

8. Does your company have a Web site?
(A) The Web site was very interesting.
(B) Yes, just search for its name.
(C) Don't forget to change your password.

당신 회사는 웹 사이트가 있나요?
(A) 그 웹 사이트는 매우 흥미로웠어요.
(B) 네, 회사명으로 검색해 보세요.
(C) 잊지 말고 비밀번호를 변경하세요.

정답 (B)
해설 (A) 질문의 내용과 관련 없이 Web site를 반복 사용한 오답.
(B) 회사 웹 사이트가 있는지 묻는 질문에 Yes라고 말하며 회

사명으로 검색해 보라고 했으므로 정답.
(C) 질문의 Web site에서 연상 가능한 password를 사용한 오답.
어휘 search 검색하다 forget to do ~하는 것을 잊다 password 비밀번호

9. Have all the New Year's cards been mailed out?
(A) Elizabeth from Personnel might know.
(B) We accept credit cards.
(C) The e-mail from the client.

모든 연하장이 발송됐나요?
(A) 인사부의 엘리자베스 씨가 아실 겁니다.
(B) 저희는 신용카드를 받습니다.
(C) 고객으로부터 온 이메일이요.

정답 (A)
해설 (A) 질문에 대한 답을 알고 있을 만한 인물의 이름과 소속 부서를 언급하여 질문에 대한 답변이 될 수 있으므로 정답.
(B) 질문에 포함된 cards를 활용한 답변으로 질문 내용과 관련 없는 오답.
(C) 질문에 포함된 mailed를 e-mail로 활용한 답변으로 질문 내용과 관련 없는 오답.
어휘 New Year's card 연하장 mail out ~을 발송하다, 우편을 부치다 Personnel 인사부 accept ~을 받아 주다, 수락하다 credit card 신용 카드

10. Did they have the baseball game on Saturday?
(A) Sorry, I don't have a ticket.
(B) There was heavy rain that day.
(C) She likes video games.

그들은 토요일에 야구 경기를 했나요?
(A) 죄송해요, 저에게 표가 없어요.
(B) 그날 폭우가 내렸어요.
(C) 그녀는 비디오 게임을 좋아해요.

정답 (B)
해설 (A) baseball game과 관련 있게 들리는 ticket을 활용한 답변으로 질문 내용과 관련 없는 오답.
(B) 폭우가 내려서 야구 경기가 진행되지 못했다는 말로 야구 경기를 하지 않았다는 의미를 나타내어 질문에 대한 답변이 될 수 있으므로 정답.
(C) 질문에 포함된 games를 활용한 답변으로 질문 내용과 관련 없는 오답.
어휘 heavy rain 폭우 cf. heavy (양, 정도가) 많은, 심한

RC

1. (C)	**2.** (A)	**3.** (C)	**4.** (A)	**5.** (A)
6. (A)	**7.** (C)	**8.** (A)	**9.** (D)	**10.** (C)

1.
정답 (C)

해석 다른 분들을 배려하시어 모든 음식 포장지와 기타 쓰레기들을 쓰레기통에 넣으시기 바랍니다.

해설 빈칸 앞에 be동사가 있으므로 빈칸은 주격보어 자리이다. 명사와 형용사 둘 다 주격보어로 쓰일 수 있는데 명사가 쓰일 경우, 주어와 동격이어야 하므로 형용사 (C) considerate이 정답이다.

어휘 place ~을 두다 wrapper 포장지 waste item 쓰레기 trash can 쓰레기통 consider ~을 고려하다 considerate 배려하는 consideration 숙고

2.
정답 (A)

해석 여러 대학의 학생들이 이번 여름 페이스 사의 인턴쉽에 지원할 수 있을 것이다.

해설 빈칸 뒤에 명사가 있으므로 빈칸은 명사를 수식할 형용사 자리이다. 따라서 (A) various가 정답이다.

어휘 university 대학 be able to do ~할 수 있다 apply for ~에 지원하다 corporation 회사 various 여러 가지의 variously 다양하게 variety 다양함 variation 변화

3.
정답 (C)

해석 각 승객들이 안전벨트를 착용했는지 확인하는 것은 승무원들의 책임이다.

해설 빈칸 뒤에 가산 단수명사가 있으므로 빈칸에는 가산 단수명사와 어울리는 수량 형용사가 와야 한다. 따라서 (C) each가 정답이다.

어휘 responsibility 책임 flight attendant 승무원 ensure that ~인지 확인하다 passenger 승객 fasten ~을 묶다 seatbelt 안전 벨트 many 많은 all 모든 each 각각의 much 많은

4.
정답 (A)

해석 유럽 연합은 2월 말경에 새로운 안전 규정을 시행할 것으로 예상한다.

해설 빈칸 앞에 5형식 타동사와 목적어가 있으므로 빈칸은 목적격보어 자리이다. 목적격보어 자리에는 명사와 형용사가 올 수 있는데, 명사가 올 경우 목적어와 동격을 이뤄야 하므로 형용사 (A) operational이 정답이다.

어휘 expect ~을 예상하다 safety regulations 안전 규정

operational 운영할 수 있는 operation 운영 operationally 운영 가능하게

5.
정답 (A)

해석 모든 사무실 직원들은 월요일에 컴퓨터실에서 있을 스프레드 시트 사용법 워크샵에 참석해야 한다.

해설 빈칸 뒤에 주어가 복수이므로 복수가산명사 앞에 쓰일 수 있는 (A) All이 정답이다.

어휘 office 사무실 worker 직원 attend ~에 참석하다 spreadsheet 스프레드 시트 (프로그램) skill 사용법 computer lab 컴퓨터실

6.
정답 (A)

해석 맥스 창 씨는 시안 오토 사의 브랜드 이미지를 긴급하게 개선해야 할 필요성과 관련해 주주회의를 소집했다.

해설 빈칸 앞에는 소유격이 있고 빈칸 다음에는 명사가 있으므로 빈칸에는 명사를 수식할 형용사가 와야 한다. 따라서 (A) urgent가 정답이다.

어휘 call a meeting 회의를 소집하다 shareholder 주주 regarding ~에 관하여 need n. 필요(성) improve ~을 개선하다 urgent 긴급한 urgently 긴급히 urgency 긴급(한 일)

7.
정답 (C)

해석 직원 안내서는 비용 변제 신청이 제때에 제출되어야 한다고 명시한다.

해설 빈칸 뒤에 명사가 있으므로 명사를 수식할 수 있는 형용사 (C) timely가 정답이다. timely는 -ly로 끝나지만 부사가 아닌 형용사이다.

어휘 state ~을 명시하다 expense 비용 reimbursement 변제 request 신청 submit ~을 제출하다 in a timely manner 제때에 time 시간 timing 시기 timer 타이머

8.
정답 (A)

해석 빌 씨는 부서 내에서 어떻게 새로운 전략을 시행할 것인지에 관한 유익한 발표로 인정을 받았다.

해설 부정관사와 명사 사이에 빈칸이 있으므로 빈칸은 형용사 자리이다. 따라서 (A) informative가 정답이다.

어휘 be recognized for ~로 인정받다 presentation 발표 strategy 전략 implement ~을 시행하다 department 부서 informative 유익한 inform ~을 알리다 informatively 유익하게 informer 정보 제공자

9.

정답 (D)

해석 데소토 케미컬 사의 폐기물 처리 노동자들은 작업장에서 안전 조치로서 보호 장갑을 착용한다.

해설 빈칸 앞에는 타동사가 빈칸 뒤에는 명사가 있으므로 빈칸은 형용사 자리이다. 따라서 (D) protective가 정답이다.

어휘 waste 폐기물 disposal 처리 wear ~을 착용하다 gloves 장갑 workplace 작업장 safety 안전 measure n. 조치 protect ~을 보호하다 protection 보호 protective 보호의

10.

정답 (C)

해석 그 소셜 네트워킹 웹사이트가 제기능을 다 발휘하려면 아직도 몇 가지 넘어야 할 힘든 장애물들이 있다.

해설 빈칸 앞에는 타동사가 빈칸 뒤에는 명사가 있으므로 빈칸에는 형용사가 와야 한다. 따라서 (C) challenging이 정답이다.

어휘 social networking 소셜 네트워킹 still 여전히 obstacle 장애물 overcome ~을 극복하다 reach one's full potential 제기능을 발휘하다 challenge n. 도전 v. 도전하다 challenging 힘든 challenger 도전자